Dil Chahta Hai

To love Zindagi

Dr Poonam Maurya

Made with ❤ on the BookLeaf Publishing Platform
www.bookleafpub.in
www.bookleafpub.com

Dedication

Dil Chahta Hai my second poem book is again from my heart to you heart, keeping the same style of mix of natural hindi and english words. This book is just like what my heart speaks when i become an observer to my life people events and nature. Always learning so much from our biggest teacher nature, Dil Chahta Hai is also inspired from nature and how nature itself teaches us to live life fully joyfully with love without attachments and how to embrace the ups and downs just like the nature does. Nature teaches us to enjoy every season without finding any reason, but we lead our life finding reasons. Dil chahta hai is a beautiful reminder to us to go to our innate source our Dil or heart where lies the true essence of our life, without this heartfelt essence life is meaningless. We often experience that when we do anything with heartful connection with purpose with meaning, even simple ordinary tasks transforms into extraordinary experience. Dil Chahta Hai is the whisper of your heart , a reminder to listen to our hearts and live life fully joyfully peacefully and be the light to your world. This beautiful book is dedicated to Dil not only mine but all our Dil s.

Preface

It fills my heart with immense pride and joy to write this foreword for Dr. Poonam's book, Dil Chahta Hai.

Dr. Poonam is not only a brilliant doctor but also a radiant soul who has poured her life experiences, reflections, and emotions into this beautiful collection of poems. This book is a glimpse of her courage, resilience, and her ability to find inspiration even in life's challenges.

As a cherished member of our KarizmaticU community, Dr. Poonam has always been an example of dedication, consistency, and commitment to growth. She carries an energy that uplifts everyone around her, and her journey stands as proof that when one chooses to evolve, life responds with abundance.

Through Dil Chahta Hai, she has gifted the world not just poetry, but pieces of her soul – reminding us all to embrace life in its rawness and its beauty. This book is more than verses; it is an invitation to live deeply, to love fiercely, and to celebrate life wholeheartedly.

Dr. Poonam, you are truly a rockstar – and this book

will be a source of inspiration for many hearts who read it.

With love and admiration,
Shruti Chaudhary
Life and Mindset Coach
Founder, KarizmaticU

Acknowledgements

I deeply acknowledge the divine grace and blessings and this life and all the people who came one by one as god's messengers. Dil chahta hai is the output of all our heart's true pure authentic desires which we are not even aware or mask it off in our inauthenticity knowingly or unknowingly. I truly acknowlege the souls whom I met and gained experience in enriching my life , family , friends , teachers, mentors, my patients and their families etc. Every interaction led me to a deeper understanding of life. I am truly grateful for the divine flow that just effortlessly accomplished this beautifull collection. I am so thrilled to enter your hearts via this book Dil Chahta Hai.

1. Dil Chahta Hai

Dil chahta hai
Un khwahisho ko pana
Khayalo se hakeekat me Lana

Ulajh jaata dil hai
Mushkil lagta hai
Agar magar ke chakkar se nikal pana

Agar magar bhi to sirf
Khayalon me hote hain
Kyun hum unhe itni power dete hain

Khwahishon ko apna junoon dena
Agar magar ko chakna choor karna

Jis din ye agar magar so jaayenge
Us din khwahishein jaag jaayenge

Jhoom uthenge saare
Khwahisen poore ho jaayenge

2. Rukna mana nahi hai

Lage raho kahte hai log
Rukna mana hai kahte hain log

Poochho unhi logon se
Kitni dooor chale hain woh log

Poocho unhi logon se
Kitni baar ruke hain woh log

Baat chalne rukne ki nahi
Baat dil me junoon ki hai

Woh junoon jo rukne Na de
Woh junoon jo
aasmaan me udne ko par dede

Aisa junoon ho toh
Rukna aur chalna alag nahi
Ek hi lagta hai
Jaise sikke ke do pahlu hain

Chalke rukna aur
Ruk ke chalna
Dono hi jeevan ke pahlu hain

Phir rukne me kya bura hai
Thodi der ruk ke phir chal denge

Chalna Rukna sab theek hai
Kuch mana nahi hai
Kuch bura nahi hai

Rukna mana nahi hai
Ruk ke phir se na chalna mana hai

Ruk jao thodi der
Agar thak gaye ho
Aaram karlo hausla baandh lo
Phir chal do

Isika matlab hai lage raho
Lage raho
thoda chalo
thoda ruko

Jahaan pahunchna hai tumhe
Koi aata pata nahi
Isilye safar ke maze lete
Aage badhte raho
Chalo Ruko chalo

3. Dil ki suno ya.....

Dil ki suno ya dimaag ki
Duniya rang badalti

Dil kahta hai
Karle ek baar toh karle

Dimaag salah deta hai
Dekhle achhe se pehle

Dil kahta hai
Jo hoga dekha jayega

Dimaag kehta hai
Aage sambhal nahi paayega

Dil chahta hai karna toh bahut
Dimaag rok deta hai use bahut

Is Dil Dimaag ki ladai mein
Phas jaate log judai mein

Dil ki suno ya Dimaag ki
Duniya rang badalti

Rok tok karta hai Dimaag
Dil Kisiki nahi sunta hai

Dil se jo jee leta hai
Aksar woh zinda rahta hai

Dimaag se jo jee leta hai
Tark vitark me phasa rahta hai
Jeena hi bhool jaata hai

Bhagwan ne Dil aur Dimaag
Dono hi kyun diya hai
Shayad woh bhi hume parakh raha hai
Maze upar baithe baithe le raha hai

Nahi chalegi duniya uski
Agar ladai na ho Dil Dimaag ki

Chalo hum bhi is ladai ka mazaa lein
Dil Dimaag dono ka istamaal karein

4. Haar Jeet

Kya tumne suna hai
Koshish karne waalon ki haar nahi hoti
Mein poochti hoon
Kyun haar nahi hoti

Haar bhi toh achhi hoti hai
Jeet jo na seekha paye
Woh haar seekha deti hai

Jeet me woh jasba kahan
Jeet me woh junoon kahan

Jeet ke baad toh jashn hota hai
Jeet se toh ghar Roshan hota hai

Haar ke baad thodi chot lagti hai
Haar se aage badhte rahne ki
jyot milti hai

Haar ke baad nayi rachna banti hai
Haar se nayi umeed banti hai

Haar ko kyu itna bura mante hai
Haar toh Jeet se bhi badhakar hoti hai

Ab bolo koshish karne walon ki
haar ho bhi jaaye
toh woh jeet se badhkar hoti hai na

Haar Jeet sirf humare
sochne aur dekhne me hai
Asli mazaa toh jeene mein hai

Jo haar Jeet ke chakar me phas gaya
Jo jeene ki kala hi bhool gaya

Jeene aaye hai hum yahan
Haarne Jeetne nahi

Phark Thoda sa hi hai
Samajh gaye toh Jee gaye

5. Zindagi ek aaina...

Dil ko chot lagti hai
Dil ki chahat bhi
dagmaga jaati hai

Aksar dil ko chot pahunchane
walon ko bura kehta hai
Lekin woh log hi toh
kamal ke hote hain

Chot hume koi nahi pahuncha sakta
Chot hum khud bana lete hain
Apne ghise purane wajood se

Duniya Hume sirf aaina dikhati hai
Hum aaina dekhke dar jaate hain

Phir dar no bhagane ke liye
Aaine ko dosh dene lagte hain

Poori zindagi aaine ko dosh
dene me nikal jaati hai
Jab samajh aata hai ke woh
humare wajood ki hi parchai hai

Tab ahsaas hota hai ke
Meri duniya meine hi banayi hai

Khushi gam chahat chot
Sab meine hi banayi hai

Kaash ke pehle hi pata chal jaata
Toh aaine ko nahi
Mein apne aap ko tarashta

6. Sab tumme hi hai

Jab achha lage koi
Toh jaan lena woh achhai tumme hi hai

Jab bura lage koi
Toh jaan lena woh burai tumme bhi hai

Jab gussa aaye kisi pe
Toh samajh lena ke samjhna tumhe bhi hai

Jab pyaar aaye kisi pe
Toh samajh lena ke pyaar tumme bhi hai

Jab nafrat ho kisi se
Toh samajh lena ke nafrat tumme bhi hai

Jab dusron me kuch bhi dekhna
Toh samajh lena woh tumhara pratibimb hai

Badalna chaho dusron ko
Toh samajh lena badalna tumhe hi hai

7. Sach ki talash

Dhoondhne nikli sach ko
Sab jagah jhooth hi jhooth mila

Pareshan ho gayi
Apne hi man se
Sach kahin nahi mila

Sach ka aata pata
Poocha kai logon se

Tab pata chala ke
Dhoondh rahe hain
Woh bhi sach ka pata

Phir meine bhi
Thaan liya
Ab toh sach ko
Dhoondh ke hi rahoongi

Hataash ho gayi
Sach ki talash mein

Phir pata chala
Jis sach ki talash thi

Woh toh hai hi nahi

Sab apna apna sach maante hain
Sab apna apna jhooth kahte hain

Sach ki talash bekaar hai
Kyunki sach ya jhoot dono hi nahi hain

Jo sach hai Kisike liye
Wohi jhooth hai kisi aur ke liye

Sach ya jhoot toh
Bana liye jaate hain
apne apne hisaab se

Kyunki sach ya jhoot
Ke is khele mein hi
Ram Leela chalti hai

Kaise chalaye woh bhi duniya ko
Is sach jhoot jeevan ke shatranj ko

Ye sach jhoot hi toh mohrein hain
Jeevan ke shatranj ke

Jo Khela inhe baar baar
Wohi hai asli khiladi jeevan me

Jo phas gaya haar Jeet me
Woh phir dhas gaya in
sach jhoot ke daldal me

Baat sach aur jhoot ki nahi
Baat toh baat ki bhi nahi

Baat toh sirf tumhari hai
Baat sirf tumhare dil ki hai

Kyunki
Dil chahta hai
Dil jaanta hai

8. Kya pana tha

Chahtein toh hain sab
Poori ho jaati hain kuch
Kuch adhure rah jaate hain

Poori ho chahtein
Toh jhoom uthe man

Adhuri chahton se
Udaas ho man

Phir man ko pada manana
Samajhana pada jeevan ka
ye tana Bana

Na jaane tha kya pana
Jo bhool gaye tum muskurana

Jab mile toh muskurao
Jab na mile toh bhi muskurao

Na lagao bandish
Apne muskurahat pe

Yahi toh jeevan ke

anmol Ratan hai
Yahan nahi aaye tum
Kuch pane ke liye

Yahaan toh aaye ho tum
Muskurane ke liye

Saari umaar beet jaayegi
Kuch na kuch paane me

Phir chooooth bhi jaayega
Kuch na kuch

Nahi milega sab kuch
Shayad itna jaruri hi na ho
Woh sab kuch

Shayad sab kuch mil jaaye
Toh mazaa utna nahi aaye

Yehi pana aur nahi pana
Toh asli jeevan ka khel hai

Kuch pana aur kuch nahi pana
Dono hi jaroori hai

Phir ab tum hi batao

Kya hai aisa tumhe pana
Jiske liye bhool jaao tum muskurana

Muskurana hi tha asli maqsad
Bhool gaye ye tum ab tak
Jab yaad aaya yeh asli maqsad
Pyaari muskurahat aa paayi tum tak

9. Kya hota hai ye dar

Kisiko haar ka dar
Kisiko jeet ka dar

Kisiko aage badhne ka dar
Kisiko guzare huye kal ka dar

Kisiko log kya kahenge ka dar
Kisiko khud se aankhein milane ka dar

Kisiko aane wale kal ka dar
Kisiko anjaan pal ka dar

Ab bahut nahi ho gaya kya
Is dar ka dar

Dara do us dar ko
Bhaga do us dar ko

Mita do us dar ko
Jala do us dar ko

Daro nahi is dar se
Hai tumhara dost ye dar

Hai Jahan par ye dar
Jeet khadi hai waheen par

Bas daro nahi is dar se
Bhaga do ise apne man se

10. Khoj....

Dil chahta hai
Bahut kuch karna

Phir shuru ho jaata hai
Rona dhona

Hai mein kaise karun
Hai mein kya karun

Is hai hai mein hi
Phasa rahta hai dil humara

Phir khojta rahta hai koi Kinara
Ya talash karta hai koi sahara

Dil chahta toh hai
Bahut kuch karna

Par dhoondhta rahta hai
Koi sitara

Bhool jaata hai dil
Jo dhoondh raha bahar
Woh toh hai apne hi andar

Woh sitara
Woh kinara
Woh sahara
Bahar nahi hai koi tumara
Andar hi hai sara sansaar tumhara

Kya dhoondhte ho
Is bhav sagar mein

Andar hi hai tumahare
Sara Brahmand tumahara

Jo khoj rahe bahar
Hai wahi tumhare bheetar

Jis din ye ahsaas ho gaya
Phir mujh se hi dil khush ho gaya

Ab kuch nahi hai bahar khojna
Ab mun ko hi hai aur tarashna

11. Bahot sochte rahte ....

Bahot Sochte rahte hain log
Itni mehnat karte hain log
Ke soch soch ke hi thak jaate log

Jitni energy sochne me lagate
Uski aadhi kaam karne mein lagaate
Toh kaam ban jaate

Soch soch ke hi Pak jaate
Phir kaam karne se katrate

Soch ke dekho jara
Kitna waqt sochne me barbaad Kara

Soch ki apni hi raftaar hoti hai
Roko nahi toh nonstop hi chalti jaati hai

Sochna kam karna hai hume
Kaam zyada karna hai hume

Sochke hi sochna
Kam se kam hi samay sochna

Sochne se zyada kaam karna

Warna koi phal ki umeed na karna

Nahi milte phal sirf sochne se
Ped Ugte hai un soch ki beejo se

Soch ke beej agar seenche na jaaye
Vyarth ho jaate woh beej ped na ban paye

Isiliye karm bina soch adhuri hai
Jeevan me soch aur kaam dono jaruri hai

12. Kya dekhte hain log...

Dekhna logon ko
Kuch bhaate hain
Kuch jaalate hain

Log sirf hume aaina dikhate hain
Apne aap se mulakat karate hain

Aksar sach kadwa hota hai
Aaina dekhne mein dar lagta hai

Aaina toh sach dikhata hai
Sach dekhne se dil darta hai

Jo dekh rahe hum logon me
Hai wahi andar hum me

Jo andar ho wahi bahar dikhta hai
Jo andar ho wahi prateet hota hai

Phir bataoo ab
Kya dekhte hain hum Logon me
khud ko dhoondhte hai hum logon me

Kuch bhaate kuch jalaate

Kyunki hum hi aise hain hote

Jo hum logon me hain dekhte
Asal me humare lessons hai wahan rahte

Achhe hain sabhi
Joh bhaate ya jaalate

Sabhi hume jeevan me
Kuch na kuch seekhate

13. Udaan

Udna toh bahot chahte
Par par nahi mil paate

Udaan bharne ki chah
Dil me hi rakh paate

Sochte ek din par mil jaate
Toh aasmaan me ud jaate

Par ki talash mein kho jaate
Hataash niraaash ho jaate

Idhar udhar sab se maangte
Lekin par nahi mil paate

Phir ek din
udan bharne ki koshish karte
Karte karte thodi doori ud paate

Lambi udaan ki tayyari mein lag jaate
Aur phir ek din aasmaan me ud jaate

Udte udte aasmaan me sochte
Par toh mere paas hi the

Kyun par ki talash mein hatash hote
Par toh sabke paas hi hain hote

14. Safalta Asafalta....

Mehnat karte raho
Safalta kadam chumegi

Poochti hoon main
Kyun Asafalta nahi aayegi

Aa bhi jaaye safalta
Toh kya Umar bhar tiki rahegi

Aa bhi jaaye Asafalta
Toh kya Umar bhar woh bhi tiki rahegi

Umar bhar toh
Umar bhi nahi tiki rahegi doston

Kya paane ki ooodh me lage ho
Safalta ke peeche hi kyun pade ho

Dono hi safalta ya asafalta
Nahi rahegi Umar bhar

Rahegi toh aap ki karmathta
Joh hila de dilon ki duvidha

Rahegi aapki dhrudhta
Joh hila de man ki asuvidha

Rahegi aapki prem ki lata
Joh hila de nirash dil ki chetna

Safalta Asafalta ek hi sikke ke
Do pahlu hain

Juda ho nahi sakte dono
Saath saath hi chalte hain

Jab samajh aaye ye baat
Tab maan jaaoge

Yeh to jeevan ka Bhram hai
Safalta Asafalta ke bhanwar hai

Niklo in bhanwar se
Jaago apne man se

Wahin asli jeevan ki kunji hai
Wahin asli jeevan ki poonji hai

15. Kaise ho

Kaise ho
Poochte hain log
Na jaane kya poochte hain log

Kya sunna chahte hain log
Kya jaana chahte hain log

Kya sach me intersted hain log
Kya khud ko bhi jaante hain log

Jaana chate hain kya sach ko
Jaana chahte hain kya mere man ko

Kaise jaanege woh mujhko
Jab jaante nahi woh khud apne aap ko

Kaise ho ye hum pooche khud ko
Toh jaan paayenge hum sach ko

Khud se sawaal khud ka khayal
Chalo banaye naya mauhaaul

Khud ko poochoge toh
Jaan paoge apne aap ko

Jab jaan pao khud ko
Tab poocho Humse
Kaise ho

16. Ruk jao thoda...

Thak gaye ho kaam karte karte
Ruk jao thoda

Thak gaye ho aas lagate lagate
Ruk jao thoda

Thak gaye ho khush karte karte
Ruk jao thoda

Thak gaye ho haan bolte bolte
Ruk jao thoda

Thak gaye ho sabse mangte mangte
Ruk jao thoda

Thak gaye ho umeed karte karte
Ruk jao thoda

Thak gaye ho phir banate banate
Ruk jao thoda

Thak gaye ho agar haste haste
Ruk jao thoda

Thak gaye ho agar rote rote
Ruk jao thoda

Thak gaye ho sab kuch karte
Ruk jao thoda

Thak gaye ho saans bharte bharte
Ruk jao thoda

17. Manzil

Manzil ko paane me
Umar beeti haarne Jeetne me

Manzil mili toh
Phir nayi manzil ban gayi

Samajh me hi nahi aaya
Kaise zindagi beet gayi

Ye manzilon ka carvaan
Kabhi khatm huya hai kya

Kya hai asli manzil
Ab tu hi bata de aye dil

In manzilon ki race me
Thak gaya hai ye dil

Nahi chahta ab aur manzil
Jeena hi chahta hai ab ye dil

Manzil ki talash me
Zindagi kho gayi kisi aas me

Bhul gaye sab
ke jeene aaye the
Marte chale gaye
par jeene aaye the

18. Dhoondhta hai dil

Kya dhoondhta hai dil
Kya chahta hai dil

Dhoondhta hai wahi Sukoon
Jo chura le gayi junoon

Dhoondhta hai wahi kiran
Jo chura le gayi dhundh

Dhoondhtha hai wahi hunar
Jo chura le gayi dar

Dhoondhta hai wahi shikhar
Jo chura le gayi phikar

Dhoondhta hai wahi gazar
Jo chura le gayi agar magar

Dhoondhta hai wahi safar
Jo chura le gayi saari umar

19. Badal...

Badalon ko dekha toh
Man jhum utthha

Khelne laga badalon sang
Man sab bhool gaya

Ujwal badal sang
Man bhi ujwal ho chala

Jab aaye kale badal
Man bhi niraash ho utthha

Khelte khelte in badalon sang
Bhool gaya mein apna brahm

Mein toh woh aasmaan hoon
Badal toh sirf khiladi the

Kyun bana liya badal ko
apna wajood meine
Badal toh aane jaane hain

Bhool jaate hain hum aksaar
Badalon ko hi hum

apna maan lete hain

Are hum toh woh aasmaan hain
Jispe badal khelte hain

20. Thoda sa aasmaan

Dil chahta hai
Thoda sa aasmaan

Jahan pe likhun mein apna naam
Jahan koi na pooche mera dhaam

Dil chahta hai thoda sa aasmaan
Jahan pe nachu mein kamaal
Jahan na kare koi bhi sawaal

Dil chahta hai thoda sa aasmaan
Jahan ud jaauun panchi saman
Jahan na koi toke Mera Maan

Dil chahta hai thoda sa aasmaan
Jahan bharun mein chaino aaram
Jahan na jaruri ho koi bhi kaam

Dil chahta hai thoda sa aasmaan
Phir yaad aaya thoda sa kyun
Poora hi hai mera aasmaan

Meine hi maanga tha
thoda sa aasmaan

Lekin bhool gayi
saara hi hai mera aasmaan

Bhool gayi ke aasmaan
toh usne sabko diya
Humne hi use tukdo
mein hai baat diya

Baat kar tukde ab dhoondhte hai
Sab apna apna thoda sa aasmaan

21. Thodi thodi ....

Thodi thodi dhoop ho
Toh thandi achhi lagti hai
Zyada ho jaaye dhoop to
Patte jala deti hain

Thodi thodi baarish ho
Toh phasal lahlahati hai
Zyada ho baarish to
Baadh baha le jaati hai

Thodi thodi chahat ho
Toh Dil me umang jagati hai
Zyada ho chahat toh
Phir dil tadpaati hai

Thodi thodi cheeni ho
Toh chai coffee achhi lagti hai
Zyada ho cheeni toh
Phir diabetes ban jaati hai

Thodi thodi thakaan ho
Toh neend achhi aati hai
Zyada ho thakaan toh
Phir mayuus kar jaati hai

Thodi thodi baatein ho
Toh baat ban jaati hai
Zyada ho baatein toh
Phir baat bigad jaati hai

Thodi thodi dhadakan ho
Toh zindagi chalti rahti hai
Zyada ho jaaye dhadakan toh
Phir saans bhi phoolne lagti hai

Thodi thodi zindagi ho
Toh yaari achhi lagti hai
Zyada ho jaaye zindagi toh
Phir yaari bhi bhari lagti hai

Jab sab thodi thodi hi
Zindagi me Achhi lagti hai
Phir kyun saari umarrr
Zyada bator ne me beet jaati hai

www.ingramcontent.com/pod-product-compliance
Lightning Source LLC
Chambersburg PA
CBHW070648240926
51846CB00003BA/835
9789373146393